CONSIDÉRATIONS

SUR

L'ARMÉE HAÏTIENNE

PAR

DE DELVA

OFFICIER DE L'ARMÉE HAÏTIENNE

> « De nos jours, une bonne armée est la clef
> de voûte de l'édifice national... »
>
> L'AUTEUR.

PARIS

LIBRAIRIE FRANÇAISE

E. MAILLET, LIBRAIRE-ÉDITEUR

RUE TRONCHET, 15, PRÈS LA MADELEINE

—

1867

CONSIDÉRATIONS

SUR L'ARMÉE HAÏTIENNE

Cette brochure, bien qu'imprimée à Paris, est destinée à être envoyée à Haïti. Pas un exemplaire ne sera vendu en France.

Note de l'Éditeur.

CONSIDÉRATIONS

SUR

L'ARMÉE HAÏTIENNE

PAR

DE DELVA

OFFICIER DE L'ARMÉE HAÏTIENNE

« De nos jours, une bonne armée est la clef
« de voûte de l'édifice national... »

L'AUTEUR.

PARIS

LIBRAIRIE FRANÇAISE

E. MAILLET, LIBRAIRE-ÉDITEUR

RUE TRONCHET, 15, PRÈS LA MADELEINE

1867

A MON PAYS

A LA MÉMOIRE

DE

Jean-Baptiste **DELVA**, mon grand-père

Général de brigade.

A LA MÉMOIRE

DE

Alexandre **MORISSET**, mon grand-père maternel

Général de division, etc., etc.,

A LA MÉMOIRE

DE

Jean-Pierre-Damien **DELVA**, mon père

Général de division, ancien grand Chancelier d'Haïti.
etc., etc., etc.

NOTE DE L'AUTEUR

Paris, le dimanche 30 mai 1867.

Les lignes qu'on va lire ont été écrites à Saint-Thomas, il y a déjà un an...

Il n'entrait pas dans ma pensée de les publier; mais les instances des amis, les espérances que me fait concevoir l'ère nouvelle, le désir d'être utile à mon pays, m'ont décidé à affronter le grand jour de la publicité dont j'ai si peur...

Dieu veuille que mes concitoyens accueillent avec bienveillance ces premiers essais!... qu'ils excusent certains passages trop empreints peut-être du cachet de mon caractère; « le style est l'homme, » a-t-on dit...

J'aime la *vérité :* qu'on me pardonne de la dire trop crûment parfois.

L'intention est bonne chez moi. . . . .
. . . .

Cela posé, entrons dans quelques explications propres à justifier l'opportunité de cet opuscule.

Au moment où je m'occupais du travail qu'on va lire, j'étais loin de supposer que le pays fût déjà aux trois quarts ruiné, par la mauvaise administration de l'homme auquel il avait confié ses destinées en 1859. — Je savais que l'État était gêné, mais je ne soupçonnais pas l'imminence d'une *banqueroute.* — Mû par des sentiments de patriotisme toujours vivaces dans le cœur de l'exilé, je visais alors à un système d'économie susceptible d'alléger le poids de l'armée sur le pays.

Grandes étaient mes illusions; aujourd'hui, hélas, il ne nous reste même pas la possibilité de pratiquer l'économie. En effet, pour économiser, il faut posséder. Or, que possédons-nous?

Rien, ou presque rien!...

Le moment serait mal choisi pour recommander au gouvernement de mon pays l'application immédiate du plan que j'ai conçu.

Présentement, il faut avoir le courage de recourir aux remèdes énergiques...

Sauvons d'abord le pays; nous penserons plus tard aux améliorations...

Portons le scalpel partout où la plaie est gangrenée.

De toutes nos plaies, celle de l'armée est, sans contredit, la plus mortelle.

Coupons, coupons... la santé est au bout...

N'hésitons plus : faisons *table rase*.

La question aujourd'hui est ainsi posée : *Être ou cesser d'être.*

Qui oserait hésiter une minute?...

Je le répète, faisons *table rase :* renvoyons carrément notre armée; déchargeons le trésor du poids des appointements qu'il paye à des officiers dont le service n'a plus de raison d'être; réduisons au quart le nombre de nos employés d'administration; surveillons la rentrée de tous nos droits de douanes.

Ces mesures sont de première nécessité.

Lorsque nous aurons conjuré la banqueroute, quand le crédit renaîtra, nous nous occuperons de réorganiser l'armée sur des bases de justice et d'économie. En attendant, étudions la question relative à cette institution. C'est surtout en vue de cette étude que j'apporte aujourd'hui mon contingent d'idées.

Je prie mes honorables frères d'armes de concourir comme moi à cette œuvre de réorganisation future.

Si la ruine de nos finances nous force de renvoyer l'armée, nous ne devons pas moins garder comme noyau un petit nombre de sujets qui devront servir à la nouvelle réorganisation, quand le moment sera venu.

Je crois qu'un bataillon de 100 *hommes* choisis parmi les troupes de Port-au-Prince, du Cap, des Cayes, des Gonaïves, de Jacmel, de Jérémie, suffirait, dans chacune de ces localités, à l'accomplissement de nos vues ultérieures.

Ces 600 hommes de troupes de ligne ne coûteront guère que 300,000 gourdes à l'État, dans le cours d'une année.

Quant aux soldats renvoyés, nous ne saurions leur refuser une récompense pour les années de service qu'ils ont consacrées à l'État. — Il nous reste des biens domaniaux en quantité suffisante comme moyen d'acquittement.

Comment indemniser les officiers de tous les grades? Que faire? Nos caisses sont vides!... Il faut cependant assurer une position honorable à chacun d'eux.

N'y aurait-il pas moyen, sans mécontenter ces braves officiers, sans précipiter la ruine de l'État, d'arriver à un mezzotermine satisfaisant?

Voyons! Le nombre de ces officiers est de 6,000 à peu près. Ils gagnent chacun en moyenne de 300 à 400 gourdes, soit : 2,400,000 gourdes par mois pour les 6,000, ou 28,800,000 gourdes par an.

Que le gouvernement, en souvenir des services qu'ils ont rendus à l'État, reconnaisse en leur faveur une *récompense nationale* de 60,000,000 de gourdes en rentes sur l'État, remboursables dans trente ans et portant un intérêt annuel de 10 p. 100.

Qu'on délivre à chaque officier un titre nominatif d'une

valeur calculée selon son grade, son âge, ses années de service. Ces titres étant déclarés négociables, seront, selon le goût de chacun, facilement escomptés dans le commerce, moyennant une faible perte, ou gardés en portefeuille par ceux-là que la nécessité ne presserait pas.

L'État, au lieu de payer annuellement à ces 6,000 officiers la somme de 28,800,000 gourdes d'appointements, ne payerait que 6,000,000 de gourdes d'intérêts. Il réaliserait de la sorte un bénéfice égal à 28,800,000, moins 6,000,000, soit : 22,800,000 gourdes.

En multipliant cette somme par 30 (nombre d'années à courir pour le remboursement), nous aurons 684,000,000 de gourdes, desquelles il faut retrancher le montant des intérêts des trente années, plus le montant du remboursement, soit : 684,000,000 — 240,000,000 = 444,000,000 de gourdes de bénéfices pour l'État au bout des trente années. Je ne vois pour l'État, en ce moment, que ce seul mode de libération. Puissent nos hommes de finance trouver une meilleure combinaison!...

J'ai en vue le bien-être de ces anciens serviteurs, et surtout *le salut de l'État...*

Chacun de nous aujourd'hui doit imposer silence aux sentiments de l'amour-propre. A celui qui s'attacherait à une vaine ostentation plutôt que de sacrifier au salut de l'État, je dirais : « *Vous êtes un mauvais citoyen!...* »

Non! chacun de nous, je l'espère, saura faire son devoir pour sauver la patrie, qu'un vil histrion a jetée au fond de l'abîme.

Que la conscience de cet *homme-fléau* soit aussi lourde que le poids du sang qu'il a froidement versé!...

De Delva.

INTRODUCTION

Ce que nous appelons complaisamment *armée haïtienne* n'est, à proprement parler, qu'une agglomération incohérente d'individus appréhendés çà et là, sans distinction d'âge, d'aptitude, d'antécédents.

Adolescents ou vieillards, forçats libérés ou commerçants, pulmoniques ou boiteux, tous, selon les passions du moment, se sont vu arbitrairement et impitoyablement enrégimenter.

Le bon plaisir, depuis soixante ans, a tenu lieu de principe et de loi dans la formation de ces *bandes armées*.

Aussi, l'état moral de nos troupes se ressent-il des idées qui ont prévalu dans leur organisation.

Le soldat, citoyen avant tout, se sentant frustré de ses droits, ne peut défendre qu'à contre-cœur des institutions dont il ne connaît que les rigueurs.

Que lui importe, en effet, le maintien de tel ou tel gouvernement? quelle reconnaissance doit-il à une société prodigue pour d'autres et marâtre pour lui seul?

Sa vengeance le plus souvent se traduit en force d'inertie. Il ne peut aspirer qu'au moment où les troubles politiques, jetant partout le désarroi, lui permettront de regagner furtivement ses pénates pour y travailler, s'il est honnête, ou pour y fomenter d'autres troubles, gage certain de son indépendance.

Honneur, discipline, drapeau, esprit de corps, sont autant de mots vides de sens pour ce paria de la société. *Le bâton, la misère, les longues garnisons, les fatigues*, voilà les calamités contre lesquelles son âme combat sans cesse.

Au reste, eût-il même moins de soucis, qui pourrait lui enseigner la pratique des devoirs qui ennoblissent le métier des armes ?

Ses chefs immédiats, peut-être ?

Mais, eux aussi, pour la plupart, traînent à contre-cœur ce sabre d'autorité, nouveau boulet de forçat, qu'ils ont reçu en récompense de vingt années de souffrances de tout genre.

Eux aussi aspirent au repos et sont tout disposés à faire place aux nouveaux venus que le népotisme vient de tirer des comptoirs pour régenter ces *déshérités* blanchis sous le harnois.

La discipline, base de toute autorité, garantie du succès des armées, est nécessairement à l'état de lettre morte parmi nos troupes.

Pour le soldat, ce mot correspond à *force brutale, vexations, injustices;* pour l'officier, à la pratique de certains actes arbitraires tendant à asseoir une autorité qui lui échappe de toutes parts.

Parlerai-je de l'état matériel de nos troupes ? Le cœur des patriotes gémit en présence du spectacle qu'offrent nos soldats aux yeux de l'étranger.

Aucune prévoyance, aucune mesure salutaire pour épargner au soldat les soucis de l'existence quotidienne !

A part la maigre pitance de *deux gourdes* de ration par

semaine et le don illusoire d'un fourniment grossier, jamais ou presque jamais renouvelé, on est fondé à dire que le soldat haïtien, au point de vue du confort, est moins traité en homme et en citoyen que ne l'est à Dahomey un guerrier indigène.

A envisager froidement l'état déplorable de nos troupes, on arrive à croire malgré soi que nos gouvernements successifs se sont évertués à dénier à nos pauvres soldats le droit le plus sacré du citoyen : « *le droit de vivre.* »

Loin de moi la pensée de charger à dessein le triste tableau des misères de nos soldats. Je ne fais que constater ce qui est au vu et au su de tout le monde en Haïti.

Pour comble d'infortune, ces citoyens constituent *la gent corvéable*, au service des officiers de l'armée, depuis le sous-lieutenant jusqu'au divisionnaire. Heureux encore, les déshérités, quand l'ordre de prison ou le bâton ne tient pas lieu entre les mains du supérieur du salaire qu'ils ont gagné par tant de sueur. En un mot, et au carcan près, l'humiliante situation du forçat de Toulon aurait, en plus d'un cas, l'étrange vertu d'exciter l'envie de ces malheureux citoyens...

Outre les considérations de morale et de sentiment qui portent l'homme de cœur à vouloir l'anéantissement des abus signalés, il existe d'autres considérations d'un ordre sinon plus élevé, au moins assez importantes par elles-mêmes pour fixer l'attention de nos hommes de gouvernement; je veux parler de celles relatives à la politique et à l'économie.

Je les classerai dans l'ordre suivant :

1° Dangers qui nous menacent de dehors et au dedans;

2° Déficit annuel dans nos produits agricoles, par le fait d'une absorption périodique de bras exercés à la culture ;

3° Économie des deniers publics.

En effet, l'armée haïtienne, organisée comme elle l'est de nos jours, compte un effectif *de dix-sept mille hommes.*

Malgré le désarroi général dans lequel se trouvent les différents corps qui la composent ; en dépit de la misère qui ronge ses membres ; en dépit de l'évidence qui parle à tous les esprits contre cet effectif disproportionné aux faibles ressources du pays ; malgré le peu de services que rend cette armée aux gouvernements et à la société, l'armée haïtienne, dis-je, absorbe annuellement, chose inouïe à croire, le tiers des revenus de l'État... Comment expliquer cette anomalie ?... comment justifier honnêtement cet entêtement de nos gouvernements à maintenir cet ordre de choses ruineux et inefficace ?

Que sont devenues et où passent les sommes annuellement votées pour les besoins de cette armée ?

Questions brûlantes que je n'essayerai pas d'approfondir ici, de peur de toucher, malgré moi, aux autres cancers qui rongent le sein de ma patrie...

Je m'occupe exclusivement du triste état de notre armée et des moyens propres à améliorer son sort.

Je veux donc rester dans le cadre que je me suis tracé. Je n'entends point faire le procès aux vices innombrables de l'administration générale du pays. Ces vices sont solidaires ; qu'un seul soit détruit, les autres disparaîtront à la longue...

Envisageons sommairement les dangers qui peuvent nous menacer de dehors et ceux qui nous ont menacés et qui nous menacent encore au dedans. Il est certes inutile d'ajouter qu'il n'entre point dans mon esprit la pensée de sonner le tocsin de la peur à l'oreille de mes concitoyens ; je laisse ce rôle d'alarmiste, d'ailleurs facile à remplir, aux gouvernements chancelants qui croient trouver leur assiette dans l'esprit timoré et ahuri des citoyens crédules.

Mais mon patriotisme, éclairé par l'expérience, m'impose l'obligation de dire *la vérité* et de prémunir mon pays, par une organisation sérieuse de l'armée, contre le retour d'actes insolents, humiliants et attentatoires à notre honneur, du genre de la bravade héroï-comique de M. Rubalcava en 1863

A ceux qui dorment sur la croyance d'une intervention bienveillante de la France ou de l'Angleterre, en cas d'attaque contre notre indépendance, je dirai : « Contemplez le Danemark, royaume important, poids de quelque valeur dans l'équilibre européen ! »

A d'autres, qui basent leur quiétude sur le *dogme de la non-intervention* dans les affaires domestiques d'un peuple indépendant et ami, je répondrai : « Voyez le Mexique !!! »

Aux retardataires qui croient encore *au vomito-negro*, vieil allié de nos pères, je me bornerai à signaler la présence quelque peu bizarre à Vera-Cruz de *quinze cents* soldats africains de l'armée d'Égypte...

Est-ce, par hasard, le vice-roi d'Égypte qui a placé la couronne d'Iturbide sur la tête de Maximilien ?

Ce vice-roi est-il en guerre avec le Mexique ?

Cependant quinze cents Africains de son armée montent la garde à Vera-Cruz...

Les circonstances, les hommes, les temps changent...
Ainsi l'illusion fuit de toutes parts.

Habituons-nous à envisager avec calme et sagesse la
triste réalité des choses. Elle nous démontre jusqu'à l'évidence la possibilité d'une agression étrangère.

Organisons-nous pour défendre, au besoin, ce sol que
l'héroïsme nous a conquis.

Si les dangers de dehors sont éventuels, ceux de dedans sont certains, aussi longtemps du moins que le sort
de l'Est ne sera pas étroitement lié au nôtre.

S'il était permis au gouvernement de mon pays de con-
clure honorablement avec l'Est un traité de paix, d'al-
liance et de commerce qui nous garantît l'inviolabilité du
territoire de l'île, je serais le premier à former des vœux
dans ce sens.

Mais, si des considérations d'un autre ordre d'idées
devaient prévaloir, je conseillerais à mon pays d'organiser
sur une base forte et durable notre armée nationale, seul
gage de notre indépendance, seul moyen d'action, à un
moment donné, capable d'imposer à l'étranger le respect
de nos frontières...

La cession de l'Est à l'Espagne est d'une date trop ré-
cente pour que nous oubliions déjà les transes que nous
avons éprouvées durant deux années.

Quelle garantie nouvelle avons-nous de la moralité de
nos voisins?

La prudence comme la saine politique nous impose le
devoir d'organiser de longue main nos forces nationales,
pour n'être pas pris au dépourvu quand viendra l'heure
de combattre pour le maintien de notre indépendance.

En dernière analyse, voyons quels autres sacrifices

nous impose le mode de recrutement suivi depuis soixante ans.

Les habitants des villes, chacun le sait, figurent pour une portion très-minime dans l'effectif de notre armée. Ce sont nos campagnes qui en fournissent presque tous les éléments. On reste encore au-dessous de la vérité en n'évaluant qu'aux huit dixièmes le chiffre du contingent fourni par les campagnes, soit 13,600 *hommes*, robustes pour la plupart et accoutumés aux travaux agricoles depuis l'enfance.

Quelle déperdition de forces!

C'est une perte sèche que nous pouvons porter, pour une année, au quinzième de la masse des produits du pays...

S'étonne qui voudra, en présence de ces chiffres, du prix excessif des denrées du sol, de la misère croissante des classes inférieures de notre société...

La dignité, la moralité, l'indépendance du pays, aussi bien que ses intérêts et sa tranquillité, nous imposent le devoir de remédier le plus promptement possible à ce triste état de choses.

Il y va de l'honneur de nos gouvernants; qu'ils y avisent donc.

Le mal grandit, le temps presse; agissons vite et bien.

Que chacun de nous apporte loyalement sa somme d'idées sur la matière; je convie chaleureusement à cette œuvre ceux de mes frères d'armes que l'expérience et l'étude ont éclairés.

Travailler à une telle tâche, c'est travailler, qu'ils s'en souviennent, au profit de leur honneur et à la gloire d'Haïti.

Je soumets humblement mes faibles vues sur ce sujet à l'appréciation de tous mes concitoyens. Qu'ils corrigent où il faut corriger, qu'ils élaguent ce qu'ils croient être nuisible, qu'ils rejettent même les moyens que je propose, — il importe peu : je place toute question de personnalité au-dessous d'une question d'intérêt général ; — mais qu'ils concourent tous, dans la mesure de leurs capacités respectives, à *la réorganisation de l'armée nationale sur des bases de justice et d'honneur ;* ils feront acte de patriotes...

DE DELVA,

Officier de l'armée haïtienne.

Saint-Thomas, le vendredi 11 mai 1866.

CONSIDÉRATIONS

SUR L'ARMÉE HAÏTIENNE

ARMÉE.

Contingent. — Mode de recrutement. — Age de recrutement. — Temps de service. — Exonération. — Remplacement. — Exemption. — Engagement volontaire. — Rengagement. — Cadres. — Officiers inférieurs. — Officiers supérieurs. — Libération. — Casernement. — Colonies militaires. — Congé partiel et temporaire. — Composition et nombre des régiments. — Discipline. — Avancement. — Récompenses. — Administration. — État-major. — Transports. — Service de santé. — Corollaires.

CHAPITRE PREMIER.

L'absence de toute statistique officielle ne nous permettant pas de déterminer d'une manière rigoureuse le chiffre de la population d'Haïti, nous sommes forcé de prendre la production et la consommation du pays pour base des calculs à intervenir dans la fixation approximative du nombre d'âmes que contient *la république d'Haïti* proprement dite.

Ces calculs nous donnent une population de 800,000 âmes à peu près.

Si nous plaçons ce chiffre en regard de celui de notre armée, nous trouvons que l'État prélève, pour ses besoins, un peu plus de *deux hommes* sur chaque centaine d'habitants.

Cette prestation est immense par rapport à notre population et à la nature de ses occupations éminemment productives.

Dans les États les plus peuplés de l'Europe, elle varie, dans les temps ordinaires, de 1/60 à 1/200. Cependant on la porte le plus souvent à la proportion raisonnable de 1/100.

Étant donnés la configuration de notre pays, ses productions, le nombre de ses habitants, les ressources de l'État, l'étendue des frontières à protéger, le rôle politique que joue Haïti dans le golfe du Mexique, enfin l'esprit militaire des populations, nous pourrons adopter sans inconvénient la proportion moyenne de 1/107, soit 7,500 hommes sur 800,000 âmes.

Bénéfice de 8,500 hommes en faveur de l'agriculture.

Nos 800,000 âmes de population sont réparties dans des proportions différentes dans chacun de nos départements.

Ainsi, le département de l'Ouest, siége du gouvernement et des grands corps de l'État, centre de l'activité commerciale du pays, figure à lui seul, dans notre dénombrement, pour un chiffre de 350,000 âmes, tandis que les départements du Nord et du Sud ne présentent chacun qu'un nombre d'âmes variant de 210,000 à 240,000.

Cette disproportion de forces doit naturellement entrer en compte dans la répartition des contingents.

L'Ouest figurât-il même dans l'effectif de l'armée pour

un apport dépassant légèrement la proportion de 1/107, qu'encore la balance se trouverait toujours en équilibre.

Ce département contient des villes et des bourgs très-peuplés dont les habitants se sont, pour la plupart, adonnés au commerce de détail ou à d'autres industries, le plus souvent improductives comparativement aux travaux agricoles des populations des autres départements.

Les habitants de ces dernières circonscriptions sont en grande partie répandus sur des plantations qu'ils cultivent avec profit, malgré les ennuis de tout genre qui les abreuvent. Ce sont eux qui inondent de leurs denrées les marchés de Saint-Marc, des Gonaïves, du Cap, de Miragoâne, de l'Anse-à-Veau, des Cayes et de Jérémie.

Il est de l'intérêt bien entendu de l'État de protéger, de ménager ces braves campagnards.

On peut, en toute justice, fixer à 3,500 *hommes* le contingent du département de l'Ouest, et à 2,000 *hommes* celui de chacun des deux autres départements.

J'ai fait ressortir dans l'*Introduction* les innombrables inconvénients du système de recrutement adopté chez nous depuis soixante ans.

Il importe de trouver un autre mode qui fasse disparaître l'arbitraire et l'immoralité qui en forment la base.

Pour guider notre marche, posons comme jalons *les droits de l'État* en regard des *devoirs du citoyen*.

« Qu'est-ce que *le droit* de l'État ?

— C'est *le devoir* du citoyen envers l'État.

— Mais aussi *les devoirs* de l'État envers le citoyen ne constituent-ils pas *un droit* au citoyen ?

— Oui, certes. »

Cela posé, nous dirons : Si l'État a le droit incontestable

de réclamer l'impôt du sang au citoyen, il a pour devoir, lui, l'État, de ne le prélever que dans la proportion exactement nécessaire à la conservation de la société et à la défense du sol. Passé cette mesure, il n'y a plus de *droit*, il y a *violence*.

Le citoyen a *le droit* de protester.

« Comment forcer l'État de rester dans les limites de son droit ?

— En établissant des lois qui lui servent de frein et qui protégent en même temps le citoyen. »

De toutes les mesures protectrices des droits, de la vie, de la liberté du citoyen, quelle est celle qui réponde mieux que la *conscription* aux idées de justice et de loyauté qui doivent prévaloir dans le recrutement des armées ? — Aucune.

La conscription, si je puis employer une telle expression, est le niveau qui passe à la même hauteur sur la tête de tous, riches ou prolétaires. On ne devient réellement citoyen qu'après son effet.

Avec la conscription, plus de népotisme à exercer, plus de mauvaises passions à satisfaire. Le sort fixe l'avenir de chacun. C'est lui seul qui intervient pour décider si tel citoyen aura l'honneur insigne de protéger les institutions nationales à l'ombre desquelles travaillent et vivent ces autres citoyens que son doigt n'a pas désignés.

Avec la conscription, le pays aura une armée nationale digne de lui et non des bandes indisciplinées, produit de l'arbitraire et de l'iniquité.

Chaque soldat, fier alors de sa mission, remplira avec honneur la tâche qui lui incombe... la giberne, loin d'abaisser l'homme, relèvera le citoyen à ses propres yeux.

CHAPITRE II.

Étudions le mode d'application du principe que nous venons d'adopter.

Il nous faut, avant tout, fixer l'âge d'appel des sujets destinés à figurer dans le contingent de chaque département.

Sur une population de 800,000 *âmes,* nous supposerons le nombre des femmes égal à celui des hommes.

Bien que cette égalité se rencontre rarement, je prie mes lecteurs de l'admettre ici pour faciliter nos calculs.

D'après ces données, le département de l'Ouest figurera pour un chiffre de 175,000 *hommes,* et ceux du Nord et du Sud, en prenant un nombre de population commun aux deux, présenteront, chacun, un total d'hommes égal à 112,500.

Écartons pour le moment le chiffre relatif au département de l'Ouest et arrêtons-nous à ceux qui concernent le département du Nord et le département du Sud.

Nos 112,500 hommes ne sauraient être du même âge. Nous choisirons l'âge de soixante-cinq *ans* comme point extrême, et l'âge d'*une année* comme point de départ.

Si nous divisons 112,500 par 65, nous obtiendrons le nombre présumé de sujets mâles des différents âges, soit 1,730.

Eu égard à notre origine et à des conditions spéciales de climat et de nourriture, l'adolescent, à l'âge de dix-sept ans, atteint, en Haïti, le même degré de développement physique et moral que l'homme de vingt et un ans sous les climats tempérés.

D'ailleurs à cet âge, le jeune homme, chez nous, a fini ses études.

Nous pouvons nous appuyer sur ces faits exceptionnels pour fixer à dix-sept ans l'âge auquel le citoyen peut être appelé sous les drapeaux.

La durée du service étant de sept années, comme il sera dit plus bas, il s'ensuit que les citoyens comptant de dix-sept à vingt-quatre ans seront compris dans les classes destinées à alimenter les rangs de l'armée.

Le tableau ci-contre donnera au lecteur une idée exacte de ce que nous entendons par classe.

Si le 15 septembre 1866 (1) le gouvernement mettait à exécution ce projet de conscription, il pourrait disposer du contingent des huit classes dont l'ordre est établi comme suit :

1re classe. Indiv. nés à partir du 15 septembre 1842 et comptant 24 ans.
2e cl. — Indiv. nés dans le cours de l'année de 1843 et comptant 23 ans.
3e cl. — Indiv. nés » » de 1844 et comptant 22 ans.
4e cl. — Indiv. nés » » de 1845 et comptant 21 ans.
5e cl. — Indiv. nés » » de 1846 et comptant 20 ans.
6e cl. — Indiv. nés » » de 1847 et comptant 19 ans.
7e cl. — Indiv. nés » » de 1848 et comptant 18 ans.
8e cl. — Indiv. nés » » de 1849 et comptant 17 ans.

Nos précédents calculs, si on s'en souvient, nous ont donné un nombre de sujets égal à 1,730 de différents âges, à partir de une année jusqu'à soixante-cinq ans.

____

(1) Nous avons choisi ici la date du 15 septembre 1842 pour point de départ ; mais il va sans dire que les sujets nés au 16, au 22, au 30 du même mois, ou à toute autre date de n'importe quel mois de l'année, *à partir du 15 septembre* 1842, rentrent nécessairement dans l'orbite de la conscription.

Les éléments de la conscription lui seront fournis par les huit classes que nous venons de désigner. Soit :

1,730 $\times$ 7 $=$ 12,110 sujets, tous passibles, au même titre, du tirage au sort.

Mais, sur ce chiffre, il n'en faut que 2,000 aux besoins de l'État.

Chaque citoyen appelé devant l'urne aura donc en sa faveur 10,110 bonnes chances à courir contre 2,000 de mauvaises.

Inutile de faire ressortir les avantages immenses que rencontreront les citoyens dans l'application d'un tel système : les chiffres parlent d'eux-mêmes.

Dans le département de l'Ouest les mêmes avantages s'accuseront d'une façon encore plus éclatante. En effet, le nombre d'individus de tous les âges, jusqu'à soixante-cinq ans, étant de 2,692, il s'ensuit que les sept classes d'appelés fourniront un total de 18,844 sujets, sur lesquels l'État ne doit prélever que 3,500.

Chaque individu se trouvera avoir ainsi en sa faveur 15,344 chances favorables contre 3,500 mauvaises.

CHAPITRE III.

Nous croyons que le citoyen qui a consacré au pays sept années de son existence a largement payé sa dette à la société.

Entré à dix-sept ans, au plus tôt, dans les rangs de

l'armée, il en sortira à vingt-quatre ans, dans toute la force de sa jeunesse.

Ceux-là mêmes qui ne seraient appelés qu'à vingt-quatre ans, dernier terme de l'âge d'appel, auront encore, au sortir du service, une large carrière ouverte devant eux.

A trente et un ans, un homme est dans toute sa verdeur ; à cet âge, il est entreprenant et courageux.

Nous nous arrêtons donc au terme de sept années pour la durée du service militaire.

Au reste, s'il fallait fixer à un nombre d'années moindre le temps passé sous les drapeaux, il en adviendrait que l'État ne rencontrerait aucune compensation sérieuse des débours qu'il aurait faits pour l'instruction et l'entretien du soldat.

On n'obtient guère un *bon soldat* avant deux ans de pratique.

On peut dire que l'État ne profite pas du soldat pendant l'apprentissage.

En défalquant les deux années qu'on lui consacre, l'État ne bénéficiera réellement que de cinq années d'un service sérieux.

En abordant la question délicate du remplacement et de l'exonération, je me sens, malgré moi, saisi d'un vif sentiment de crainte dont je ne saurais dissimuler la gravité.

Il est, dans certaines sociétés, de ces questions auxquelles on ne voudrait jamais faire allusion. Mais que faire ? La nécessité vous les impose et le devoir vous force de dire la vérité.

Puissent *tous mes concitoyens* ne voir dans mes paroles

que l'expression d'un *sincère désir d'union,* de *fraternité* et
d'*amour.*

Tout en proclamant l'impôt du sang obligatoire pour
tous, nous ne saurions, en toute justice, dénier à l'Haïtien
le droit de suivre telle autre carrière que celle des armes.

Admettre le contraire, ce serait porter atteinte à la
liberté, aux goûts, à l'aptitude et aux répugnances des
personnes. Or, il n'est ni du droit ni de l'intérêt de l'État
de violenter les sentiments privés des citoyens, aussi longtemps du moins que ces sentiments, dans leur expression,
ne dépassent pas les limites fixées par la législation
régnante.

Je ne vois aucun inconvénient à ce que le citoyen désigné par le sort se fasse remplacer par un autre citoyen
offrant les mêmes conditions *d'âge, de moralité, de santé et
de taille.*

Mais... (ici commencent mes transes patriotiques).

Mais, dis-je, de même que la nature s'est montrée prodigue de nuances pour les membres de la race africaine en
Haïti, de même toutes ces nuances doivent avoir leurs re-
présentants dans les rangs de *l'armée nationale.*

Il découle de là que le remplacé, en vue de l'harmonie
que nous souhaitons, devra fournir un remplaçant d'une
même nuance que la sienne.

Sans cette clause, il adviendrait qu'une seule ou deux
nuances des enfants d'Haïti figureraient dans l'armée.

Nous n'aurions plus alors une *armée vraiment nationale,*
résumant toutes les conditions physiques extérieures qui
font l'honneur, la gloire et la force de notre république.

L'État n'aura pas à intervenir à propos du prix débattu
entre le remplacé et le remplaçant.

Cependant, comme il entre dans ses intérêts d'offrir lui-même des remplaçants, il fixera annuellement la somme contre laquelle il pourra en fournir.

Le montant de cette somme sera naturellement déterminé par les circonstances bonnes ou mauvaises du moment.

Ainsi, nous admettons le principe du remplacement individuel conjointement avec le système d'exonération appliqué par l'État.

L'un et l'autre concourront au triomphe de notre plan.

L'effectif de l'armée étant fixé à 7,500 hommes, l'État se verra forcément conduit à rejeter la majeure partie des offres d'engagement volontaire que pourraient lui adresser des citoyens portés par nature vers l'art militaire et qui répugneraient à trafiquer de leur liberté avec des tiers.

Cependant, le système d'exonération supposant des éléments tout prêts sous la main de l'État, il accueillera celles de ces offres qui lui paraîtront le plus favorables à ses intérêts.

L'engagé volontaire agréé passera un contrat par lequel il s'engage à servir l'État durant sept années, aux mêmes conditions que les citoyens désignés par le sort.

En retour, l'État versera entre les mains de cet engagé les deux tiers d'un prix d'exonération, en trois payements distants d'une année l'un de l'autre.

L'État aura un intérêt majeur à s'assurer du rengagement des soldats et des sous-officiers encore jeunes dont la classe a été libérée.

CHAPITRE IV.

La libération d'une classe s'effectuera à l'expiration des sept années de service des membres qui la composent. Cependant, les soldats libérés resteront sous les drapeaux jusqu'à ce que la classe à laquelle ils appartiennent soit relevée par celle qui est destinée à lui succéder.

Des dispositions spéciales pourront être prises pour que la classe nouvelle soit appelée six mois avant l'époque de la libération de la classe sortante.

En cas de danger national, la libération d'une classe ne pourra avoir lieu qu'après le retour du calme ou à la conclusion de la paix.

Le temps consacré au service commence à compter du jour où l'on a tiré au sort.

Il nous reste, avant de clore les chapitres consacrés aux appels, à parler des cas d'exemption que les lois pourront admettre.

Le principe de la parfaite égalité impose à tous les citoyens l'obligation de tirer au sort, même s'ils se trouvent atteints de certaines infirmités qui les rendent impropres au service militaire.

Dans chaque département il sera établi un *tribunal de réforme* composé aux deux tiers de militaires. Des citoyens notables formeront l'autre tiers pour défendre les intérêts des familles.

Ce tribunal aura à prononcer sur les cas d'exemption.

Il sera adjoint un nombre déterminé de chirurgiens civils et militaires à chaque tribunal.

Seront réputés exempts de tout service : les jeunes hommes infirmes, ceux atteints de maladies contagieuses ou de maladies mortelles, l'enfant unique, l'un des fils de la veuve d'un officier désigné par la mère, les employés de l'administration générale du pays munis de commission et déjà en place au premier tirage, les élèves de l'école militaire *qui en suivent régulièrement le cours*, enfin tous ceux que des vices internes on externes de conformation rendront impropres aux rudes travaux des camps.

Tout individu frappé d'une peine infamante et faisant partie d'une des classes appelées sera déclaré indigne de figurer dans les rangs de l'armée nationale.

Cette exclusion pouvant pousser au mal les natures lâches ou celles qui seraient seulement antipathiques au métier des armes, il importe que la loi prenne d'énergiques dispositions à l'égard de ces individus.

S'ils sont dans l'incapacité de fournir un remplaçant, ils doivent être envoyés aux colonies pénitentiaires pour un temps égal à la durée du service sous les drapeaux.

Quant aux jeunes Haïtiens élevés à l'étranger, ils tireront au sort par délégation, lorsque la classe à laquelle ils appartiennent sera appelée.

Le temps du service commencera à compter pour eux du jour de leur entrée effective dans les rangs de l'armée, si toutefois ils ne fournissaient un remplaçant dès le principe.

Tout Haïtien qui, faisant partie d'une des classes de la conscription, s'esquivera pour ne pas tirer au sort, ou qui quittera le pays sans autorisation après que le sort l'aura désigné, sera considéré comme déserteur et traité comme tel au retour.

Après l'an et le jour, il sera jugé par contumace et condamné à mort, sans préjudice des dommages et intérêts à l'État. Le séquestre sera mis sur une partie ou sur la totalité de ses biens, jusqu'à concurrence d'une somme représentant le prix d'une exonération.

Tout Haïtien qui, se trouvant à l'étranger à l'appel de sa classe, n'aura pas, après avis officiel, délégué quelqu'un pour tirer en son lieu et place, sera considéré comme banni du pays et perdra tous ses droits d'Haïtien.

Cependant le délinquant pourra, après l'an et le jour, se présenter aux autorités locales et demander sa radiation de la liste des bannis, moyennant *le solde immédiat d'un prix d'exonération, et son incorporation immédiate dans les compagnies de discipline* de nos colonies pénitentiaires.

CHAPITRE V.

Nous avons fixé à 3,500 hommes le contingent du département de l'Ouest. Tâchons de tirer le plus de profit possible de cette masse inorganisée, de façon que chaque partie constitue des forces distinctes proportionnées entre elles et capables de se suffire ou de se soutenir réciproquement.

L'infanterie étant la base et la force réelle des armées modernes, nous nous occuperons tout d'abord de la doter des meilleurs éléments fournis par le recrutement.

Nous estimons que cette seule arme comprendra, pour le département de l'Ouest, un effectif de 2,730 hommes que nous diviserons de la façon suivante :

DIVISION DU DÉPARTEMENT DE L'OUEST.

3,5000 HOMMES

	hommes
1º Un régiment de ligne nº 1ᵉʳ, de 2 bataillons comptant 4 compagnies de 100 hommes chacune.	800
2º Un régiment de ligne nº 2, de 2 bataillons comptant chacun 4 compagnies de 100 hommes chacune. . . . . :	800
3ᵉ Deux bataillons de tirailleurs, de 4 compagnies chacun, chaque compagnie comptant 100 hommes.	800
4º Une compagnie du génie. — Pontonniers.	82
5º Une compagnie d'ouvriers d'administration.	82
6º Une compagnie de transport.	82
7º Une section d'ambulance.	84
Total de l'infanterie.	2,730

La cavalerie et l'artillerie comprendront :

8º Un bataillon d'artillerie montée, traînant une batterie de six pièces de douze et une demi-batterie d'obusiers de montagnes (soit 3 obusiers).

Le bataillon comptera 300 canonniers conducteurs et servants, 100 chevaux de trait et de transport, ci.   300

Le bataillon aura 4 compagnies de 75 hommes chacune.

9º Quatre escadrons de cavalerie légère formant un régiment.

L'escadron comprendra 4 pelotons de 24 hommes chacun, ci.   384

Il y aura un capitaine à la tête de deux pelotons.

10º Un escadron de gendarmerie de 4 pelotons, dont deux de 24 hommes et deux de 19, ci. :   86

Un capitaine sera à la tête de deux pelotons.

Total de la cavalerie et de l'artillerie.   770

2,730 hommes d'infanterie
770 hommes de cavalerie et d'artillerie

Total. . . . . . . 3,500 hommes.

Les départements du Nord et du Sud ne présentant chacun qu'un contingent de 2,000 hommes, nous diviserons ces deux masses dans les mêmes proportions :

DIVISION DU DÉPARTEMENT DU NORD.

	hommes
1º Un régiment de ligne nº 3, de 2 bataillons comptant chacun 4 compagnies de 125 hommes chacune.	1,000
2º Un bataillon de tirailleurs de 4 compagnies de 100 hommes chacune.	400
3º Un peloton du génie. — Pontonniers.	50
4º Un peloton d'ouvriers d'administration.	50
5º Un peloton de transport.	50
6º Une section d'ambulance..	50
Total de l'infanterie.	1,600

CAVALERIE ET ARTILLERIE.

	hommes
7º Un demi-bataillon d'artillerie montée, traînant une batterie composée de 4 pièces de 12 et de 2 obusiers de montagnes. Le demi-bataillon comptera 150 canonniers conducteurs et servants, 70 chevaux de trait et de transport. Le demi-bataillon sera de 2 compagnies de 75 hommes chacune, ci.	150
8º Deux escadrons de cavalerie légère formant un régiment. L'escadron comprend quatre pelotons de 25 hommes chacun, ci.	200
Il y aura un capitaine à la tête de deux pelotons.	
9º Deux pelotons de gendarmerie de 25 hommes chacun, ci.	50
Un capitaine commandera ces deux pelotons.	
Total de la cavalerie et de l'artillerie.	400

1,600 hommes d'infanterie
400 hommes de cavalerie et d'artillerie

Total . . . . . 2,000 hommes.

DIVISION DU DÉPARTEMENT DU SUD.

hommes

1º Un régiment de ligne nº 4, de 2 bataillons comptant chacun
4 compagnies de 125 hommes chacune.   1,000
2º Un bataillon de tirailleurs de 4 compagnies de 100 hommes
chacune.   400
3º Un peloton du génie. — Pontonniers.   50
4º Un peloton d'ouvriers d'administration.   50
5º Un peloton de transport.   50
6º Une section d'ambulance.   50

Total de l'infanterie.   1,600

CAVALERIE ET ARTILLERIE.

7º Un demi-bataillon d'artillerie montée, traînant une batterie
composée de 4 pièces de 12 et de 2 obusiers de montagnes.
Le demi-bataillon comptera 150 canonniers conducteurs
et servants et 70 chevaux de trait et de transport.
Le demi-bataillon sera de 2 compagnies de 75 hommes
chacune.   150
8º Deux escadrons de cavalerie légère formant un régiment.
L'escadron comprend 4 pelotons de 25 hommes cha-
cun, ci.   200
Il y aura un capitaine à la tête de deux pelotons.
9º Deux pelotons de gendarmerie de 25 hommes chacun, ci. . .   50
Un capitaine commandera ces deux pelotons.

Total de la cavalerie et de l'artillerie.   400

1,600 hommes d'infanterie
400 hommes de cavalerie et d'artillerie

Total. . . . . 2,000 hommes.

Nous avons maintenu le plus possible, entre les trois
armes principales (infanterie, cavalerie, artillerie), les
proportions recommandées par l'expérience et observées
dans presque toutes les armées modernes.

Si, dans certains endroits, nous nous sommes écarté

des règles établies, on nous excusera en raison de conditions spéciales de lieu et de faiblesse numérique dont il fallait tenir compte.

Au reste, ces écarts sont d'une mince importance, si on les compare à ceux qui se produisent dans les armées les plus renommées de l'Europe.

Ainsi, on s'étonnera peut-être du grand nombre de bouches à feu destinées à suivre chaque division.

Dans l'armée française, qui, pour moi, est le prototype des autres, on compte une, deux, parfois trois pièces, jamais plus, pour 1,000 hommes. Le nombre de ces engins de guerre est toujours en rapport avec la qualité des troupes qu'ils doivent soutenir.

Plus les troupes sont solides, moins forte est l'artillerie. Moins elles sont éprouvées, plus nombreuse est l'artillerie.

Nous ne nous sommes pas de beaucoup écarté de ces données.

Nos 7,500 hommes seront protégés par une artillerie comptant 14 pièces de 12 et 7 obusiers de montagnes. Soit, moins de 3 pièces par millier d'hommes.

Il est vrai de dire que les conditions topographiques de notre pays nous dispensent, en plus d'un cas, d'appliquer à notre armée ce qui convient à celle de la France.

Mais, dans la question qui nous occupe, j'ai surtout en vue de remonter le moral de nos troupes par le concours toujours efficace d'un grand déploiement de bouches à feu.

De même que les jeunes troupes, à l'attaque, et sous le feu de l'ennemi, se comportent avec plus d'énergie dans la formation en colonne serrée en masse, de même, en ligne, elles ont plus de contenance quand elles se sentent défendues par une nombreuse artillerie. Dans les deux cas, l'effet moral est tout.

Je pourrais en outre, à l'appui des dispositions auxquelles je me suis arrêté, citer des exemples tirés de plusieurs armées européennes. Ainsi, les Prussiens emploient souvent 4 bouches à feu par 1,000 hommes ; les Russes, s'écartant des proportions établies plus haut, en admettent quelquefois jusqu'à 7 pour un même nombre de combattants.

Tout bien considéré, nous nous sommes tenu dans un moyen terme raisonnable...

Quant *aux corps hors ligne*, dont la mission est de seconder ou de compléter l'action des trois premières armes, nous les avons admis dans les proportions possibles.

Ainsi nous avons fait figurer le génie, dans la division de l'Ouest, à peu près au complet de son *unité de force*, qui est la compagnie comptant d'ordinaire de 120 à 150 hommes.

Me résumant : les trois divisions de l'Ouest, du Nord et du Sud nous donnent un chiffre de 5,930 *fantassins* d'une part, — un autre de 1,570 cavaliers et artilleurs en second lieu.

Avant d'aller plus loin, formons les brigades qui doivent entrer dans la composition de chaque division.

Pour le département de l'Ouest, nous aurons une première brigade d'infanterie, comprenant 2,730 hommes divisés en deux régiments de ligne, deux bataillons de tirailleurs, quatre compagnies, dont une du génie-pontonniers, la deuxième d'ouvriers d'administration, une autre de transport, la dernière d'ambulance.

Ce sera la plus importante des deux brigades.

Le bataillon d'artillerie montée, le régiment de cavalerie légère et l'escadron de gendarmerie formeront la deuxième brigade.

Pour la division du Nord comme pour celle du Sud, nous aurons une brigade d'infanterie composée d'un régiment de ligne, d'un bataillon de tirailleurs, de quatre pelotons du génie, d'ouvriers d'administration, de transport et d'ambulance.

L'autre brigade embrassera un demi-bataillon d'artillerie montée, deux escadrons de cavalerie légère et deux pelotons de gendarmerie.

Dans chaque département, les deux brigades réunies (infanterie, cavalerie et artillerie) auront un général de division à leur tête, en qualité de *général commandant en chef la division*. — Deux généraux de brigade commanderont chaque brigade sous ses ordres immédiats.

Nos trois divisions réclameront ainsi *trois* généraux de division et *six* généraux de brigade.

Les différents corps d'infanterie de ligne, d'infanterie légère, d'artillerie et de cavalerie des trois divisions n'exigeront en tout que 7 colonels et 24 chefs de bataillon, ou d'escadron. — Total des officiers supérieurs pour les trois divisions : 40.

Les tableaux suivants permettront de mieux saisir ma pensée.

DIVISION DU DÉPARTEMENT DE L'OUEST.

1° Un Général de division commandant en chef.

1re BRIGADE D'INFANTERIE.	2e BRIG. D'ARTILLERIE ET CAVALERIE
2° Un Général de brigade.	**3° Un Général de brigade.**
Un colonel pour le 1er régiment de ligne. Un colonel pour le 2e régiment de ligne.	Un colonel pour le régiment de cavalerie.
Deux chefs de bataillon pour le 1er régiment de ligne. Deux chefs de bataillon pour le 2e régiment de ligne. Deux chefs de bataillon pour les deux bataillons de tirailleurs.	Un chef de bataillon pour le bataillon d'artillerie. Quatre chefs d'escadron pour les 4 escadrons de cavalerie. Un chef d'escadron pour l'escadron de gendarmerie.

Total : 18 Officiers supérieurs pour la division de l'Ouest.

DIVISION DU DÉPARTEMENT DU NORD.

1° Un général de division commandant en chef.

1re BRIGADE D'INFANTERIE.	2e BRIG. D'ARTILLERIE ET CAVALERIE
2° Un Général de brigade.	**3° Un Général de brigade.**
Un colonel pour le régiment de ligne n° 3. Deux chefs de bataillon pour le régiment n° 3. Un chef de bataillon pour le bataillon de tirailleurs.	Un colonel pour le régiment de cavalerie. Deux chefs d'escadron pour les deux escadrons. Un chef de bataillon pour le demi-bataillon d'artillerie montée.

Total : 11 Officiers supérieurs pour la division du Nord.

.DIVISION DU DÉPARTEMENT DU SUD.

1° Un général de division commandant en chef.

1re BRIGADE D'INFANTERIE.	2e BRIG. D'ARTILLERIE ET CAVALERIE
2° Un Général de brigade.	**3° Un Général de brigade.**
Un colonel pour le régiment de ligne n° 4. Deux chefs de bataillon pour le régiment n° 4. Un chef de bataillon pour le bataillon de tirailleurs.	Un colonel pour le régiment de cavalerie. Deux chefs d'escadron pour les deux escadrons de cavalerie. Un chef de bataillon pour le demi-bataillon d'artillerie montée.

Total : 11 Officiers supérieurs pour la division du Sud.

Il s'agit maintenant de fixer le cadre des *compagnies* et des *pelotons*.

Je fais ici une distinction entre ces deux dénominations que l'usage ou une convention particulière confond fréquemment dans le langage militaire.

La *compagnie* constitue l'*unité administrative*, tandis que le *peloton* ne représente que l'*unité de manœuvre* ou *de combat*.

En demandant la réorganisation de l'armée, je n'ai pas seulement en vue le redressement des abus commis jusqu'ici au préjudice des citoyens ; j'ai, en même temps, l'*économie* pour but.

Nous chercherons donc à réduire le plus possible les dépenses de l'État, par l'emploi de mesures ayant pour objet l'annihilation des sinécures dans les rangs de l'armée.

Tout en maintenant la division par pelotons, en vue des commodités de la manœuvre et du combat, nous ne composerons nos bataillons que de *quatre compagnies*, formant chacune *deux pelotons*. — A la tête de chaque compagnie nous placerons un capitaine, un lieutenant et deux sous-lieutenants.

Nous obtiendrons de la sorte un nombre d'officiers inférieurs égal à 326 — dont 24 capitaines de ligne, 20 de cavalerie et d'artillerie — pour la division de l'Ouest, en comprenant dans ces chiffres les capitaines adjudants-majors.

20 lieutenants de ligne, 14 de cavalerie et d'artillerie.

36 sous-lieutenants de ligne, 28 de cavalerie et d'artillerie.

2 lieutenants pour les corps de musique de ligne.

1 lieutenant pour le corps de musique des tirailleurs.

3 sous-lieutenants pour les corps de musique de cavalerie et d'artillerie.

Total pour ce département : 148 officiers inférieurs.

———

Le département du Nord comme celui du sud comptera : 15 capitaines de ligne, 7 d'artillerie et de cavalerie; 16 lieutenants de ligne, 5 d'artillerie et de cavalerie; 32 sous-lieutenants de ligne, 10 d'artillerie et de cavalerie; plus 1 lieutenant pour le corps de musique de ligne, 1 sous-lieutenant pour le corps de musique du bataillon des tirailleurs, 2 sous-lieutenants pour les corps de musique de la cavalerie et de l'artillerie.

Total des officiers inférieurs pour chacun de ces départements : 89, ou pour les deux : 178.

———

Ainsi, nos 7,500 hommes réclament 326 officiers inférieurs.

Il y a disproportion, il faut le reconnaître, entre ces deux chiffres.

D'ordinaire on compte un officier pour 40 hommes. Ici, un officier n'est censé commander qu'à 23 à peu près.

En regardant de près, on acquerra vite la conviction qu'il ne saurait en être autrement dans une armée d'une force numérique si restreinte.

En Europe, où les armées sont d'une force colossale, on est souvent obligé, sous peine de faiblesse, de réunir en de fortes masses ceux-là qui doivent obéir à l'autorité d'un seul.

Cependant, cette concentration d'autorité n'est pas sans bornes : le chiffre d'hommes d'un régiment sur le pied de guerre est presque toujours en rapport avec la somme de puissance morale de commandement possible à un seul chef.

Si l'on s'écartait trop de cette mesure, l'indiscipline ne tarderait pas à s'insinuer dans les rangs du corps.

Dans l'armée française, le bataillon, *unité tactique* de l'infanterie, compte souvent de 600 à 1,000 hommes. Un régiment comprend deux, trois ou quatre de ces unités tactiques. Les huit pelotons de chacune d'elles comportent chacun un nombre d'hommes variant de 100 à 150. Chaque officier de la fraction (le peloton) se trouve avoir à peu près 50 hommes sous son commandement.

En Prusse, par exemple, où les régiments sont composés de trois bataillons, divisés chacun en quatre compagnies, le nombre d'hommes de ces dernières est porté à 250, pied de guerre.

Six officiers forment le cadre de la compagnie ; ils ont les grades suivants :

Un capitaine, un premier lieutenant, trois seconds lieutenants, un enseigne.

Chaque officier correspond ainsi à 41 hommes.

En Autriche, les régiments comptent trois bataillons de six compagnies chacun (abstraction faite de la division de réserve, appelée seulement en temps de guerre). La compagnie figure pour 120 hommes en temps de paix et pour 280 en temps de guerre.

Le nombre des officiers de chacune s'élève à trois, dont un capitaine, un premier lieutenant et un second lieutenant.

Chaque officier ici correspond à 70 hommes.

En Russie, le régiment d'infanterie est de deux bataillons pour la garde impériale, de trois pour la ligne et de cinq pour les corps du Caucase. Chaque bataillon est de 1,000 hommes et de quatre compagnies, divisées chacune en deux pelotons. Ces 250 hommes ont à leur tête un capitaine en premier, un capitaine en second, un lieutenant, un sous-lieutenant, un enseigne. Soit 50 hommes pour un officier.

Je le répète, nous sommes forcés, eu égard à la faiblesse numérique de notre armée, de faire exception à ces règles et de rompre la proportion ordinaire entre les officiers formant le cadre de la compagnie et les soldats qui la composent.

CHAPITRE VI.

Nous ne nous sommes occupé, à la fin du chapitre précédent, que des officiers inférieurs qui entrent dans la composition du cadre de la compagnie. Parlons des sous-officiers, dont le rôle, dans l'espèce, est d'une importance si capitale.

On peut les comparer aux nerfs de ces divers membres.

Sans eux, pas de troupes susceptibles de donner à franc collier, en face de la mitraille et de la mousqueterie.

Leur action, à mes yeux, a une valeur tellement effective, que ce n'est pas sans un vif sentiment de regret que je me vois forcé d'en réduire le nombre dans les rangs de notre armée.

La division du bataillon à quatre compagnies m'y oblige.

Quoi qu'il en soit, j'en laisse encore un groupe suffisant pour que les traditions de discipline, de droiture et de courage se maintiennent toujours dans nos pelotons.

Honneur à vous, vaillants sous-officiers du cadre ! Vous êtes les Atlas du bataillon ! . . . .

. . . .

. . . .

Outre les officiers déjà nommés, le cadre se composera, *pour la compagnie*, d'un sergent-major, d'un premier sergent en premier, d'un premier sergent en second, d'un deuxième sergent en premier, d'un deuxième sergent en second, d'un troisième sergent, d'un quatrième sergent, d'un fourrier et de 16 caporaux.

A part les caporaux qui seront placés à la droite et à la gauche des sections de chaque peloton, voici un tableau qui détermine la place des officiers et des sous-officiers de la compagnie en ligne :

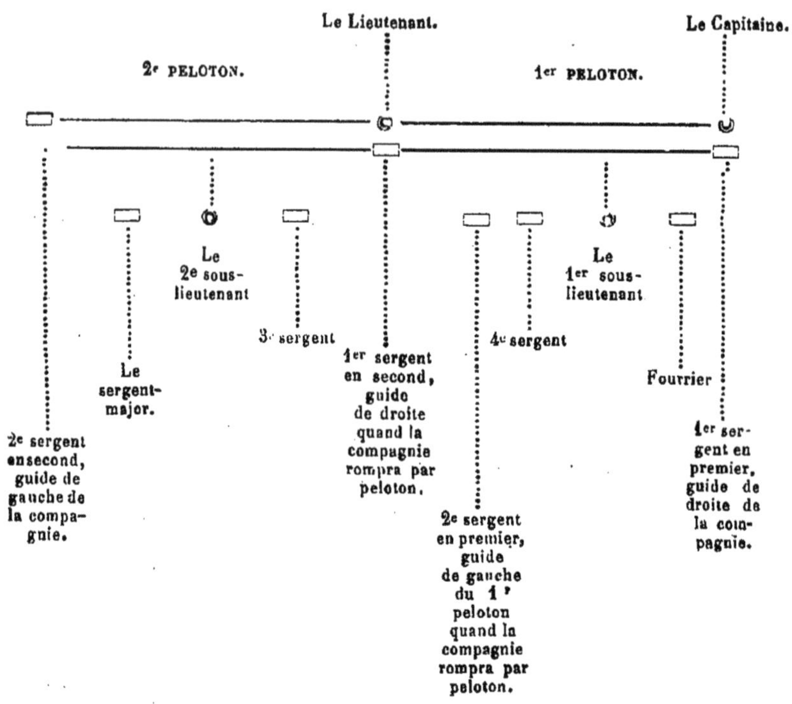

Ce second tableau donnera une idée de la place qu'occuperont les officiers et les sous-officiers en colonne par peloton.

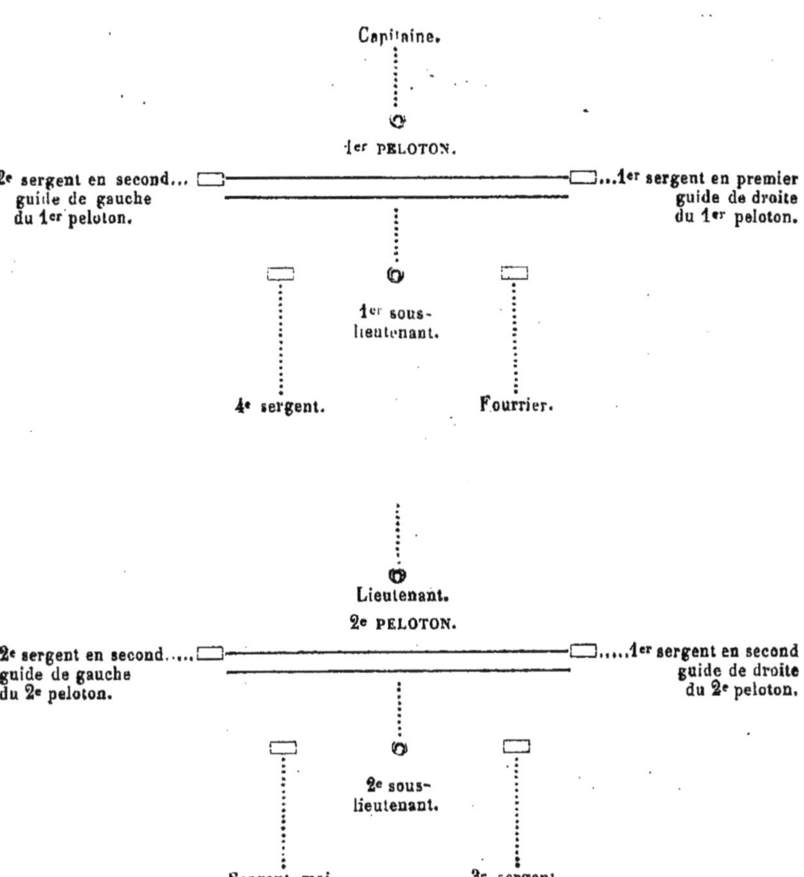

A la réorganisation de l'armée sur les bases indiquées,
l'État sera forcé d'emprunter aux cadres existants les éléments nécessaires à l'instruction des recrues des diverses
divisions.

Il lui faudra agir avec prudence, car le mauvais choix
des sous-officiers aurait pour fâcheux effet de perpétuer
dans la nouvelle armée les mêmes désordres que nous cher-
chons par tous les moyens à détruire.

Au bout de six mois, l'État pourra sans inconvénient

congédier ces anciens sous-officiers. Dans ce laps de temps, ils auront fourni une pépinière de nouveaux sous-officiers pris parmi les sujets les plus intelligents du recrutement.

Quant aux officiers du cadre, on les recrutera parmi nos jeunes officiers les plus capables. Cependant, ils seront tenus de suivre régulièrement des cours spéciaux ayant pour objet d'étendre le champ de leurs connaissances théoriques.

Nous en ferons, au bout d'une année, d'excellents officiers, joignant la théorie à la pratique, et capables, par leur supériorité morale, d'imposer le respect aux soldats placés sous leurs ordres.

Je m'abstiendrai de recommander de pareilles mesures à l'égard des officiers supérieurs destinés à commander nos bataillons, nos régiments, nos brigades et nos divisions.

Il y a, je le sais et j'en suis heureux, bon nombre d'officiers supérieurs fort capables dans les rangs de l'état-major actuel.

C'est à ces frères d'armes, anciens amis ou anciens compagnons de *tournées*, que je recommande la partie technique de ce travail... Qu'ils le sachent, j'ai conservé, durant mes huit années d'exil, le souvenir le plus affectueux de nos rapports passés.

J'ai suivi avec bonheur les différentes étapes qu'ils ont parcourues dans la voie des grandeurs. Tous sont dignes de leur élévation présente... Puissent ces braves amis accueillir avec bienveillance ce projet de réorganisation de l'armée nationale ! . . . .

. . . .

Je donne ici un tableau où figurent les états-majors des régiments, les petits états-majors et les cadres des compagnies.

Etat-major d'un régiment de ligne.

Un colonel.
Deux chefs de bataillon.
Deux capitaines adjudants-majors.
Un capitaine quartier-maître.
Un médecin-major.
Un aide médecin-major.
Un chef de musique (lieutenant).

Petit état-major.

Deux adjudants sous-officiers.
Un tambour-major.
Deux caporaux-tambours.
Un caporal sapeur.
Un sous-chef de musique.

Cadre d'une compagnie.

Un capitaine.
Un lieutenant.
Un sous-lieutenant en premier.
Un sous-lieutenant en second.
} Officiers

Un sergent-major.
Un premier sergent en premier.
Un premier sergent en second.
Un deuxième sergent en premier.
Un deuxième sergent en second.
Un troisième sergent.
Un quatrième sergent.
Un fourrier.
Seize caporaux.
} Sous-officiers

Etat-major d'un bataillon de tirailleurs.

Un chef de bataillon.
Un capitaine adjudant-major.
Un capitaine instructeur de tir.
Un capitaine quartier-maître.
Un médecin-major.
Un aide médecin-major.

Petit état-major.

Un adjudant sous-officier.
Un sergent clairon.
Un caporal clairon.

Cadre d'une compagnie de tirailleurs.

{ Même cadre que celui de la ligne, sauf l'addition d'un sous-officier : le sergent de tir. }

Les compagnies du génie, d'ambulance, d'ouvriers, d'administration, de transport, seront organisées à l'instar de celles de la ligne, quant au cadre de chacune d'elles.

L'état-major du bataillon d'artillerie sera organisé sur la même base qui a servi à déterminer celui du bataillon de tirailleurs. Cependant, il y aura à tenir compte de certaines modifications relatives à *l'état mixte* de L'ARTILLERIE MONTÉE.
Chaque section de batterie aura un capitaine à sa tête.

Etat-major d'un régiment de cavalerie.

Un colonel.
Quatre chefs d'escadron.
Un capitaine instructeur.
Quatre adjudants-majors.
Un capitaine quartier-maître.
Un médecin-major.
Trois aides-majors.
Un vétérinaire en premier.
Un chef de musique (lieutenant.)

Petit état-major.

Quatre adjudants sous-officiers.
Un vétérinaire en second.
Un sous-chef de musique.

Cadre de la compagnie de cavalerie.

Un capitaine.
Un lieutenant ou un sous-lieutenant.
Un maréchal des logis chef.
Un maréchal des logis fourrier.
Un maréchal des logis.
Trois brigadiers.

L'escadron de gendarmerie de l'Ouest aura à sa tête un chef d'escadron.

Les compagnies de gendarmerie des autres divisions seront commandées par un capitaine.

CHAPITRE VII.

Grâce aux mesures indiquées, l'État se trouvera pourvu de défenseurs en nombre suffisant et de qualité supérieure.

Déterminons les points de concentration des forces des trois départements.

Je ne me dissimule aucune des difficultés que rencontrera dans la pratique le plan que j'ai conçu pour la réorganisation de notre armée.

Ces difficultés naîtront moins de la force des choses que de la puissance de la *routine*.

J'entends d'ici le sifflement de nos Aristarques de profession.

Ce sont là des « *nouveautés,* » des « *chimères,* » crient-ils. Pauvres impuissants! A les entendre, on dirait que le triomphe d'une idée nouvelle enlève à la république une partie de sa puissance.

Rassurons-nous et poursuivons la voie des améliorations possibles, sans détourner la tête aux clameurs intéressées de la mauvaise foi.

Ces gens-là, à bien prendre, ont raison de crier : ce sont eux, en effet, qui perdent en puissance et en crédit ce que la république gagne en lumières. Passons ; l'État avant les coteries. L'opinion des gens sensés doit immanquablement prévaloir.

. . . .

Une armée dont les membres, en temps de paix, vivent isolés les uns des autres, sans communauté d'instruction, sans conformité de discipline et en dehors de toute unité de commandement, ne saurait être, à proprement parler, qu'une *mauvaise milice de parade*, incapable de rendre un service sérieux, et bonne au plus à créer le désordre dans les temps difficiles.

Les malheurs qui nous sont survenus dans nos différentes tentatives contre l'Est sont là pour témoigner de la véracité de mon assertion.

D'autre part, l'isolement du soldat le met trop souvent en contact avec les éléments dissolvants qui se rencontrent dans les bas-fonds de toute société. Il en subit insensiblement l'effet; de là un fâcheux esprit d'insubordination que la vie de caserne, au contraire, convertit en esprit d'obéissance.

En dernier lieu, la vie de caserne est plus propre qu'aucune autre à développer les forces physiques du soldat et à le préparer aux fatigues des campagnes.

Elle lui donne, en peu de temps, cette solidité qui compte tant dans la valeur d'une troupe.

Ces considérations, jointes à celles relatives à la politique générale du pays, nous forcent de créer des casernes pour y réunir les différents corps qui composent chacune de nos divisions.

Ces établissements auront non-seulement pour avantage de tenir les troupes sous la main du gouvernement, ils devront en outre, comme on le verra plus bas, assurer au soldat un bien-être bien plus grand que s'il était livré à lui-même.

L'économie aussi bien que la sagesse nous porte à fixer

à trois le nombre des casernes destinées à contenir nos 7,500 hommes.

Nous en aurons une aux abords du Port-au-Prince; elle sera construite de façon à pouvoir contenir 3,800 *hommes;* une seconde dans le voisinage du Cap, capable de loger 2,500 hommes ; et une troisième, de même grandeur, aux environs des Cayes.

Les casernes des troupes indigènes et des troupes étrangères à Kingston (Jamaïque) pourront servir de modèles à ces établissements.

CHAPITRE VIII.

L'existence du soldat, en temps de paix, doit être active et productive. L'oisiveté dans nos casernes aurait pour effet de paralyser tous les efforts d'amélioration que nous tentons; elle serait la source de maux incalculables sévissant sur le physique comme sur le moral du soldat.

D'ailleurs, quelle immense déperdition de forces si, par une inconcevable faiblesse, l'État négligeait de tirer parti de tant de bras robustes, habitués pour la plupart aux travaux agricoles !

Tout en améliorant le sort du soldat, l'État doit aussi avoir en vue de compenser le plus possible les énormes sacrifices qu'il est appelé à faire en faveur de l'armée.

Ce n'est qu'en conciliant sa sollicitude avec ses intérêts bien entendus qu'il parviendra à maintenir la force armée sur un pied convenable. Hors de là, je ne vois que déficit annuel dans les budgets de la république.

Nous ne demandons, au reste, rien de bien extraordinaire : l'antiquité et les temps modernes nous offrent maints exemples d'institutions du genre de celle que nous recommandons.

Les légions romaines vivaient, en temps ordinaire, du produit de leurs travaux agricoles ; en Autriche, de nos jours, les régiments frontières se nourrissent, s'entretiennent à l'aide de leur labeur ; en Russie, les colonies militaires vivent du fruit des terres de la couronne qui leur sont concédées et qu'elles cultivent par régiment.

En France même, les corps qu'on réunit, à une époque de l'année, au camp de manœuvres de Châlons, pourvoient, à l'aide de leurs productions, à une partie notable de l'*ordinaire*.

Si, sous ces climats rigoureux, sur le sol ingrat de l'Europe, les soldats trouvent, en dehors des heures affectées aux exercices de leurs armes respectives, un temps de reste pour travailler à leurs champs, combien il sera plus aisé à nos troupes, vivant sur notre sol si riche, sous notre ciel si clément, de produire de vastes richesses sans empiéter sur le temps destiné aux occupations militaires !

Il n'est d'ailleurs aucune de nos cultures qui réclame des soins journaliers : défricher, planter, sarcler de temps à autre, et enfin récolter, voilà en quoi se résume l'agriculture chez nous.

Ces travaux relativement faciles ne sauraient ni nuire à l'instruction de nos troupes ni déplaire à leur goût ; ils seront, au contraire, pour le soldat un sujet de distraction durant les heures de loisir du camp.

Nous désirons que ces casernes soient bâties hors la ville (à deux heures de marche au plus des portails), au milieu de vastes terrains d'exploitation d'une étendue de 300 à 400 carreaux de terre.

Des règlements d'administration intérieure détermineront la nature des cultures les plus propres à la nourriture du soldat, à l'entretien des bêtes de somme et à l'élève des bestiaux.

Grâce aux productions de ces colonies militaires, l'État, à la deuxième année, réalisera déjà une économie de 228,645 piastres, tant sur la nourriture des hommes que sur l'entretien des animaux...

Le soldat jouira non-seulement de l'abondance, il aura droit en outre à une part des bénéfices réalisés par l'État sur le superflu des productions.

Ces établissements rendront encore un autre genre de services à la société : s'ils sont bien organisés et bien dirigés, ils suppléeront aux *fermes modèles* tentées si infructueusement chez nous depuis sept ans.

CHAPITRE IX.

Le service de l'État, dans les temps ordinaires, n'exigeant que le concours d'une partie des forces qui composent la division, on pourrait, en vue d'une sage économie et aussi dans l'intérêt des campagnes, admettre un système de congé trimestriel qui assurât au tiers de l'effectif de chaque corps la jouissance de trois mois de liberté.

Pour rendre ces congés profitables, il faudrait diviser les corps par séries comprenant ou des sujets des villes ou ceux des campagnes.

Ces derniers entreraient en congé à l'époque des semailles et à celle de la récolte.

Par exemple, supposons que nos bataillons de tirailleurs de l'Ouest, qui comptent 800 hommes à eux deux, contiennent 250 hommes des villes et 550 des campagnes.

Nous diviserons ces éléments en deux séries, et nous déterminerons de la manière suivante l'époque des congés pour chacune d'elles.

1re série, A, campagnards : 275 hommes, — de mars à juin..
2e   —   B, citadins :   250   —   — de juin à septembre.
3e   —   C, campagnards : 275   —   — de septembre à décembre.
Retour de la série A, campagnards, de décembre à mars.

Je ne saurais établir un système absolu quant à l'époque des congés pour chaque série ; je ne fais ici que donner un aperçu susceptible de faire saisir ma pensée. Les exigences du service, les intérêts de l'État, la bonne conduite des soldats, en dernier lieu, sont autant de considérations majeures qui devront intervenir dans un règlement sur cette matière.

Il va sans dire que le soldat en congé ne reçoit aucune paye de l'État. Il est forcé, entre autres formalités, de désigner son lieu de résidence ; il ne saurait s'en écarter sans permission préalable. Il est en outre tenu de justifier de l'emploi de son temps durant le congé, sous peine de perdre ses droits au prochain congé de sa séric. Les officiers jouiront aussi d'un congé limité.

CHAPITRE X.

Discipline.

Toute institution nouvellement fondée doit être accompagnée de moyens de coercition propres à assurer son existence. Ces moyens doivent s'appuyer sur la justice.

L'armée, plus qu'aucune autre institution, exige, par sa nature même, une concentration formidable de moyens répressifs entre les mains de ceux qui ont mission de la diriger.

Est-ce à dire que le soldat doive être traité durement? Loin de moi cette pensée. Quelque rigoureuses que puissent être les lois de la discipline, je recommanderai d'une manière absolue l'exclusion de tout moyen avilissant du genre de ceux employés dans l'ancienne armée et, de nos jours encore, dans certaines armées européennes.

Un soldat avili n'est plus digne de figurer dans une armée.

Frapper du sabre ou du bâton un défenseur de la patrie, c'est le dégrader à ses propres yeux. Nous voulons des hommes et non des brutes.

Comme citoyen et comme homme, le soldat a droit aux égards de ses supérieurs.

Je demanderai donc l'application de peines extrêmement sévères contre tout supérieur qui abuserait de sa position pour infliger une punition corporelle à son subordonné.

CHAPITRE XI.

Récompenses.

Autant la discipline doit être sévère dans une armée, autant les récompenses à décerner aux plus méritants doivent être larges et nobles. Il faut qu'elles aient une valeur par elles-mêmes pour exciter l'émulation du soldat comme du général.

Je ne connais rien de plus cher au cœur du soldat que l'avancement ou un signe extérieur qui le distingue de ses camarades et le recommande à la considération générale.

Sans porter l'ombre d'une atteinte au principe d'égalité proclamé par nos constitutions, j'oserai demander la création d'*un ordre national en Haïti*.

Cette institution répondra aux mœurs du pays et au goût de la généralité des citoyens.

Sans vouloir préjuger la question, je dirai qu'un ordre symbolique de mérite militaire et civil, parcimonieusement accordé aux citoyens qui se seraient le plus distingués au service de la patrie, loin de nuire à l'égalité, tendra au contraire à élever le niveau de cette égalité.

En effet, qu'étaient-ce dans l'antiquité que ces couronnes décernées aux vainqueurs, tant à Rome, à Athènes, qu'à Sparte, sinon un objet d'émulation consacrant l'égalité entre tous, tout en distinguant les plus dignes ?

Chacun avait droit d'y prétendre, le pygmée aussi bien que le géant, le prolétaire comme le patricien.

La république profitait de l'émulation ainsi établie entre tous les citoyens.

De nos jours, ne voyons-nous pas plusieurs républiques de l'Amérique du Sud, aussi jalouses que la nôtre de l'égalité entre les citoyens, décerner des croix, des crachats, des cordons aux plus méritants? Là n'est pas le danger pour notre société : notre caractère, nos mœurs, nos institutions sont de sûrs garants de l'égalité civile et politique entre nous.

Comblons donc cette lacune et créons sans crainte *un ordre militaire et civil du Palmier*.

Nos pères ont choisi le palmier pour emblème de liberté et d'égalité; nous inspirant du même esprit, nous pouvons, sans déroger, le constituer le symbole de « l'émulation ».

Entrant dans un autre ordre d'idées, je ferai observer qu'il y a souvent des services que ni l'avancement ni l'or ne sauraient récompenser.

D'autre part, quel intérêt peut avoir l'État à rétrécir le cadre des récompenses, alors qu'il élargit celui des devoirs du citoyen?

De quelque côté enfin que j'envisage la question, je ne vois que profit et honneur pour la république...

N'en déplaise à nos *ultra-libéraux*, je suis en ce moment l'interprète fidèle de leurs désirs secrets...

Administration.

Il ne saurait exister d'armée sans un élément administratif qui pourvoie à ses besoins matériels et qui règle le compte de ses dépenses.

C'est surtout à l'absence de ces éléments dans nos bandes armées qu'il faut attribuer nos fréquents revers dans la partie orientale de l'île.

Le soldat, quelque sobre, quelque brave qu'il soit, perd courage à la longue, lorsqu'il lui faut lutter contre la faim.

Son cœur faiblit, l'esprit de conservation prend le dessus, quand il voit le compagnon blessé qui vient de tomber à ses côtés manquer de tout secours.

Il importe que le soldat trouve *partout* une subsistance assurée et des soins empressés qui le mettent à l'abri des vicissitudes de tout genre dont nos annales militaires sont remplies.

L'instruction, la discipline, le pain, les soins, voilà les conditions sans lesquelles l'État n'aura jamais une armée solide et courageuse.

Les chefs des corps, les officiers et les sous-officiers sous leurs ordres répondent de l'instruction et de la discipline. Le corps d'administration a, de son côté, la mission spéciale de pourvoir aux vivres, d'installer les ambulances et de veiller au transport de tout l'attirail à la suite de l'armée.

• Nous avons attaché un corps d'administration à chacune des divisions de l'armée. Ce corps comprend les compagnies de transport, d'ambulance et d'ouvriers, formant un total de 248 hommes pour le département de l'Ouest, et de 150 hommes pour chacun des deux autres.

A leur tête il y aura un intendant général inspecteur, trois sous-intendants de première classe, six de deuxième classe.

Les comptables seront pris parmi les sous-officiers les plus intelligents de ces compagnies.

Le nombre des officiers se trouvera ainsi augmenté de dix membres pour chaque division.

Nous pouvons, à cause de la ressemblance des lieux, adopter dans notre armée le mode de transport employé en Algérie pour les vivres, les munitions et les blessés.

Les fourgons ne sauraient convenir à notre pays montueux. Ce genre de transport réclame d'ailleurs un concours important de forces de tout genre que notre armée ne saurait fournir, eu égard à sa faiblesse numérique.

Le mulet chargé peut y suppléer avec avantage. C'est économique et facile à protéger.

En Afrique, on compte d'ordinaire un ou deux mulets par peloton.

Service de santé.

Cette branche de l'administration comprendra :

1° La section d'ambulance ;

2° Les médecins-majors et les aides-majors de chaque corps ;

3° L'état-major du service de santé sera composé d'un médecin-inspecteur, de trois officiers de santé de première classe, de six de deuxième classe et de six élèves.

Total : 16 officiers de santé formant l'état-major de chaque division.

C'est la branche de service sur laquelle l'État doit le moins lésiner.

Des mulets munis de cacolets en fer serviront, comme en Afrique, au transport des blessés et des malades.

État-major.

Le corps d'état-major de chaque division comprendra un officier supérieur ou un officier inférieur de chaque arme ; à la tête du corps d'état-major de chaque division il y aura un *adjudant de division*. — Les officiers dont s'agit seront pris dans les rangs des corps.

Quant au grand état-major de la république, il appartient au chef de l'État d'en fixer le chiffre. Cependant il importe de le réduire de neuf dixièmes pour le moins.

CHAPITRE XII.

Corollaires.

Cette réorganisation de l'armée ne serait pas complète si le gouvernement n'avisait pas de suite à d'autres mesures qui sont en quelque sorte les corollaires des problèmes que nous venons de résoudre.

Je veux parler :

1° De l'établissement d'une école militaire à la capitale ;

2° De la création de haras dans chacun de nos départements ;

3° De la réorganisation de la garde nationale ;

4° De la création de colonies pénitentiaires ;

5° De la réduction du nombre des aides de camp du chef

de l'État et des membres du grand état-major général de la république ;

6° Enfin, des récompenses nationales à accorder aux soldats qui ont blanchi sous les drapeaux et aux officiers de tous les grades dont le service n'est plus réclamé.

Toutes ces mesures sont d'une application facile et peu coûteuse.

Je ne les traiterai pas à fond ici, ne voulant pas sortir de mon cadre.

Je me borne à les signaler à la méditation de nos hommes de gouvernement.

Une école militaire devient indispensable pour la formation des cadres de nos corps. On pourrait l'établir à Port-au-Prince. On en confierait la direction à des officiers étrangers.

Pour y être admis il faudra subir un examen préalable qui justifie au moins de l'aptitude des postulants.

Second examen après les deux années d'études, avant l'obtention d'un brevet de sous-lieutenant.

Les jeunes hommes des classes destinées au recrutement pouvant y affluer en vue de s'exempter de la conscription, on fixera à 300, par exemple, le nombre des élèves de l'École.

. . . .

. . . .

La race chevaline dépérit à vue d'œil chez nous. Le seul remède au mal réside dans la création de haras alimentés par un contingent d'étalons européens ou américains, et par un contingent de juments du pays.

On peut les établir à peu de frais dans les îles adjacentes

de la Gonâve pour l'ouest, de la Tortue pour le nord, et de la Vache pour le sud.

50 étalons et 100 juments peuvent, s'ils sont bien soignés, produire 1,080 sujets au moins dans l'espace de dix ans.

En multipliant ce nombre par 3, nous aurions 3,240 sujets au bout des 10 premières années. — Quelle ressource pour la remonte de notre cavalerie! Elle ne réclame en tout que 1,200 à 1,300 chevaux.

L'État réaliserait d'énormes bénéfices en vendant le surplus aux particuliers.

La nouvelle armée ne saurait constituer à elle-seule nos forces nationales. Nos lois ont établi que tout citoyen, à partir d'un certain âge jusqu'à un autre, est membre de la garde nationale. — Que cette loi devienne une vérité.

La garde nationale réclame une organisation sérieuse, susceptible de la rendre propre, au besoin, à la défense du pays.

Le gouvernement, les citoyens eux-mêmes ont intérêt à réformer ce corps, gage de la tranquillité intérieure.

Avec une garde nationale bien organisée, se groupant autour de l'armée, Haïti peut faire face à n'importe quelle attaque étrangère.

Le rôle de l'armée nouvelle doit être tout autre que n'a été celui des anciennes troupes de la république.

Cette armée restera dans ses casernes pour n'en sortir qu'en cas d'émeute, de prise d'armes ou d'agression étrangère. — Elle n'aura à fournir aucun poste, aucune garde aux monuments, aux fortifications, aux bureaux civils ou militaires. — Cet honneur revient de droit aux corps de la garde nationale de chaque localité...

Les colonies pénitentiaires, de même que les haras, pourront être établies dans les îles adjacentes déjà citées. Elles seraient le *récipient* de tout ce que la société et l'armée rejettent de leur sein.

Grâce à ces établissements, nous pourrons arriver à *l'abolition totale de la peine de mort...*

On pourra les installer sur le modèle des colonies pénitentiaires de Cayenne...

Au moment où nous réduisons l'armée à des proportions raisonnables, il serait dérisoire de laisser subsister ce nombreux état-major qui constitue plutôt un embarras qu'une utilité à l'État.

Loin de moi la pensée de porter une main sacrilége sur les grades obtenus soit par le mérite, soit par le favoritisme !

Les officiers réellement capables trouveront sans difficulté des emplois dignes de leur mérite dans les rangs de la nouvelle armée.

Il est même du devoir et de l'intérêt du gouvernement de rechercher ceux de ces officiers qu'un mérite éclatant ou des services passés ont posés au premier rang. — La justice comme la politique parle hautement en leur faveur.

Mais, l'État peut-il raisonnablement continuer à s'imposer d'énormes sacrifices en vue de complaire à l'égoïsme, à l'amour-propre de milliers de citoyens hors d'état de servir soit par leur âge avancé, soit par le fait de leur incapacité notoire ?

S'il fallait répondre affirmativement, autant alors renoncer à toute administration de la chose publique et laisser à chacun le loisir d'aller puiser, selon ses goûts, à la caisse commune...

Ces officiers ont été légalement nommés! m'objectera-t-on. Soit! Mais l'État n'a que faire de leurs services... Qu'ils jouissent librement de leurs épaulettes, de leurs titres, sans réclamer d'appointements!

Pourquoi des appointements, en effet, du moment que l'État les exempte de tout service? On ne doit rétribuer que ceux qu'on emploie.

Cependant, il est du devoir de l'État d'offrir et d'assurer une compensation aux officiers placés hors des cadres de la nouvelle armée.

On peut indemniser ces anciens serviteurs de la patrie à l'aide de titres de rentes payables dans trente ans et portant intérêt, ou à l'aide de biens nationaux répartis proportionnellement au grade, à l'âge et à la durée de service de chacun.

Ces citoyens rentrant dans la vie privée pourront, selon leur goût, poursuivre la carrière des armes dans les rangs de la garde nationale. Le gouvernement leur frayera même la voie, au besoin.

L'État est redevable d'une récompense aux sous-officiers et aux soldats blanchis sous les drapeaux. Il pourra s'acquitter de cette dette d'honneur au moyen des biens nationaux.

Justice, progrès, force, économie, bien-être, voilà les assises de ce projet de réorganisation.

J'ai voulu ménager les intérêts de l'État aussi bien que

ceux des particuliers ; j'ai pu me tromper dans le choix des moyens proposés.

Puissent mes concitoyens m'absoudre à cause de l'intention qui est bonne et patriotique.

DE DELVA.

Saint-Thomas, 25 mai 1866.

4250 — Paris, imprimerie Jouaust, rue Saint-Honoré, 338.